BEI GRIN MACHT SICH IHR WISSEN BEZAHLT

- Wir veröffentlichen Ihre Hausarbeit, Bachelor- und Masterarbeit

- Ihr eigenes eBook und Buch - weltweit in allen wichtigen Shops

- Verdienen Sie an jedem Verkauf

Jetzt bei www.GRIN.com hochladen und kostenlos publizieren

Tobias Molsberger

Stadtgeschichte. Die europäische Stadt in der 2. Hälfte des 19. Jh bis 1945

Vorlesungszusammenfassung: Großstadt und Moderne, Vorlesung im Sommersemester 2011

GRIN Verlag

Bibliografische Information der Deutschen Nationalbibliothek:

Die Deutsche Bibliothek verzeichnet diese Publikation in der Deutschen National-
bibliografie; detaillierte bibliografische Daten sind im Internet über http://dnb.d-
nb.de/ abrufbar.

Impressum:

Copyright © 2011 GRIN Verlag GmbH
Druck und Bindung: Books on Demand GmbH, Norderstedt Germany
ISBN: 978-3-656-71200-8

Dieses Buch bei GRIN:

http://www.grin.com/de/e-book/278107/stadtgeschichte-die-europaeische-stadt-in-
der-2-haelfte-des-19-jh-bis

GRIN - Your knowledge has value

Der GRIN Verlag publiziert seit 1998 wissenschaftliche Arbeiten von Studenten, Hochschullehrern und anderen Akademikern als eBook und gedrucktes Buch. Die Verlagswebsite www.grin.com ist die ideale Plattform zur Veröffentlichung von Hausarbeiten, Abschlussarbeiten, wissenschaftlichen Aufsätzen, Dissertationen und Fachbüchern.

Besuchen Sie uns im Internet:

http://www.grin.com/

http://www.facebook.com/grincom

http://www.twitter.com/grin_com

VL Großstadt und Moderne II   VL1

Einführung
- Moderne: Gliederungssysteme der letzten 2,5 Jahrhunderte
- Dreischritt
- Hauptentwicklung in Großstadt während „ Hochmoderne" 1880-1930er
- Moderne „normativ aufgeladen" → positiv
- Ambivalenz der Moderne; z. B. Effiziente Organisation des Konzentrationslager
- Entwicklung „vielseitig" einsetzbar
- „Stadt Indifferenz vs. Differenz"
- → Stadt: „Friedliche Verhandlung von Differenz"
- → jedoch Empire belegt dies keineswegs
- Epoche: Zwischen 1. und 2. WK
- Gewalt in Großstadt = Ambivalenz der Moderne

- <u>Klausur</u>: 14.07.

Kampf und den städtischen Raum I (bis 1914), Männer und Frauen, oben und unten, Tag und Nacht
- Konflikte innerhalb und um städtischen Raum vielfältig
- 1902: Gegen Straßenbau wegen Angst vor Lärm von Gaststätten
- Bedeutungsverlust der Öffentlichkeit
- Konflikte zwischen verschiedenen Gruppen
- Formen ebenfalls mannigfaltig
- „Städt. Topographie = Bürgerliche Dominanz"
- Spannung in Hauptstadt offensichtlich
- → Symbolische Bedeutung für Konflikte

Zugang der Stadt für respektable Frauen
- Beispiel: Belästigung von Frauen in London, die nicht ortskundig sind und auf der Straßenseite der Prostitution laufen
- Gefahr für Frau im 19. Jh. für Prostituierte gehalten zu werden
- Diskussion: Zugang von öffentlichen Räumen für Frauen
- → z. B. Keine öffentlichen Toiletten für Frauen, keine Frauenclubs

Rolle der Kaufhäuser
- Warenhäuser als „erster Brückenkopf"
- ab 1830er Warenhäuser = Warenhäuser = Modernität, Konsum
- → symbolische Bedeutung größer als ökonomischer, „konsumsüchtige Frau"
- → Konsum = Weiblichkeit, Frauen v. a. Kunden wahrgenommen
- → Beschäftigte in Warenhäusern überwiegend männlich
- Verbindung mit nationalen Stereotypen, „typisch englisch, typisch französisch"
- Einkaufsbummel Zugang zum städtischen Raum. „geschützter Raum"
- Frauenclubs bilden sich in Nähe der Kaufhäuser
- → Präsenzform bürgerlicher Frauen im städtischen Bereich

Andere „weibliche Orte" der Frauen
- tätig in Wohltätigkeit: Möglichkeit in Armenviertel zu kommen
- Unterhaltungsmöglichkeiten für Frauen

Soziale Grenzen im städtischen Raum
- Verhältnisse zwischen sozialen Schichten angespannt
- dennoch: „unsichtbare" Grenzen und Regeln allseits bekannt, „angespannte Ruhe"
- Konflikte wegen verschiedener Interessen
- Soziale Ordnung = Räumliche Ordnung

Die polizeiliche Ordnung im städtischen Raum
- Verhältnis von Zentrum und Peripherie
- Zentrum ist Insel in Meer von „Verbrechen und Unsittlichkeit"
- unsittliches = kriminelles Verhalten (Unfug)
- Was ist ein Verbrechen? = Großer Spielraum der Polizei
- Verschiebung der Klassen; Polizei werden von Ordnungshütern zu Sicherheitskräften
Zusammenhang von Verstädterung von Steigen von Kriminalitätsraten kaum möglich

Kriminalität und Polizei
- Lob wegen Einsatz auf Straßendienst
- ab Ende des 19. Jh. Ausbau der städtischen Polizei
- Tätigkeitsfelder der Polizei vielfältig, Effizienz häufig bemängelt,
→ kaum Gefühl von Sicherheit vermittelt

Kriminalität und Medien
- Aufstieg der Massenpresse, bevorzugte Themen z. B. Gewaltverbrechen
- „Delinquenten überall gefährlich erscheinen lassen"
- z. B. Die Morde „Jack the Rippers",
- Presse beschreibt Stadtteile als besonders unsicher → Stadtteile werden entfernt
- Antisemitismus, bestimmte Delikte als „typisch jüdisch" beschrieben
- auch nationale Stereotype für Verbrechen

Prostitution
- Ausmaß ungeheuer hoch, London z. B. 25.000
- unübersehbares Massenphänomen
- Frage nach Kasernierung von Prostitution
- Regulierung von Prostitution durch Sperrbezirke
- Vorschlag: Befreiung von unsichtbaren Grenzziehungen; dauerhafte Präsenz von
respektablen Frauen

Jugendbanden
- Gefahr durch diese
- Banden in proletarischen Vierteln vorherrschend
- Gefahr: Eindringen in städtisches Zentrum

Kampf um den städtischen Raum II: Revolutionen und Demonstrationen, Pogrome und Terrorismus

Die Pariser Commune als zentraler Referenzpunkt
- Paris als Hauptstadt der Revolution
- Machtpunkt ist Nationalgarde
- 1871 offener Bürgerkrieg
- unterschiedliche Bataillone
- Bemühung um demokratische Fundierung

- Marx: „Pariser Commune als erste proletarische Revolution"

Abschluss eines frühen Revolutionszyklus
- „Umbau von Paris, um Stadtteilen dem Militär zugänglich zu machen und zukünftig Aufstände niederzuschlagen"
- starker Zusammenhalt, Bereitschaft zu Verteidigung der Stadt"
- blutige Niederlage der Commune, durch Massenexekutionen und spätere Deportationen in Sträflingskolonien
- für Arbeiterschaft Symbol ist Barrikade

Demonstrationen in Berlin
- Gedenkfeier für Opfer der Revolution gleichzeitig Demonstrationen der sozialdemokratischen Arbeiterschaft
- Kooperation von Sicherheitskräften und Demonstranten
- städtischer Raum von organisiertet, kollektiver Meinungsäußerung
- verschiedene Möglichkeiten zur Demonstration (je nach Stadt)
- Versuch Demonstrationen aus städtischen Zentren zu vermeiden, auch aus wirtschaftlichen und repräsentativen Gründen

VL Lenger   **VL2**   **21.04.11**

Rückschau:
Grenzziehungen im städtischen Raum, Zugänglichkeit verschiedener Klassen

Pariser Commune von 1871:
- dauerhafter Referenzpunkt für politische Aktivität im städtischen Raum

- Demonstrationsrecht unklar definiert; Grenzen des Erlaubten mit Sicherheitskräften ausgehandelt

01. Mai: ab 1890 internationaler Feiertag der Arbeiterbewegung
- v. a. In Russland unterdrückt
- v. a. Männliche Angelegenheit
- Wohlhabendere verlassen Städte; Sorge vieler vor Ausschreitungen
- Maidemonstration mit Ausflugscharakter

- arbeitsfreier Tag am 01. Mai
- keineswegs rechtlich verankert, Streiktag, Streik für Recht auf Arbeitsfreier Tag
- auch Streik für Lohnerhöhungen
- Meinungsverschiedenheiten über Form des Streiktages (Generalstreik?)
- Barcelona 1890: festlicher Umzug, orientiert an kirchliche Prozession, Streikzug zum Palast des Gouverneurs
→ Radikale verlangen Generalstreik, Unterdrückung durch Militär und Polizei

- Mai zwischen Fest, Demonstrationszug, Streik
→ Zusammenführung verschiedener Elemente

- in industriegeprägten Städten schnelle Verbreitung von Streiks
- siehe Ruhrgebiet (Bergarbeiterstreiks), Frauen und Kinder am Anfang des Zuges, um

Gewalt der Sicherungskräfte zu vermeiden
- Frage : Wichtigkeit der Streikenden für städtische Wirtschaft?
- Struktur der Städte entscheidend für Intensität/Form der Streikes
→ weiterhin: Verhalten von Militär und Polizei
→ z. B. Berlin-Moabit, Straßenkämpfe durch Repression; Konflikt von Stadtbewohnern und herrschender Obrigkeit
- Grenzziehungen von Streiks und Demonstrationen problematisch

Militär und Polizei als Ordnungskräfte
- unterschiedliche repressive Aufgaben
- je nach Land unterschiedliche Einsatzgebiet
- „Mailänder Revolution" Streik bei Pirelli, Einsatz des Militärs, massive Unterdrückung der Streikenden, Militärgerichtsbarkeit
- in Preußen: bei gewisser Größe der Streiks schneller Eingriff des Militärs

- Verhalten der Arbeitgeber häufig verschärfend, denn sie haben zu bestimmen
→ kompromisslose Linie
- Streik z. T. Internationale Angelegenheiten durch Soldiarisierung, Pressestimmen

Generalstreik als Konzept und Realität
- Welcher Zweck? Verschiedendste Auslegungen
- Generalstreiks zu Mittel zum Erlangen politischer Rechte
- in Barcelona: Ausweitung zu Straßenkämpfen, blutige Niederschlagung durch Militär

Die russische Revolution vom Oktober 1905
- Streiks 1905 in Russland: Solidarsierung der Arbeiterschaft mit ehemaligen Chefs von Vereinen
- Petition in Russland: Soldaten richten Massaker in friedlicher Demonstration an
→ Monarch kann zwischen Kapital und Arbeiterschaft vermitteln, steht über dieser
→ Eskalation der Gewalt
- Streikzunahme im Herbst 1905
→ weitere Städte erfasst
→ Mitte Oktober russisches Eisenbahnnetz stillgelegt, Versorgung der Städte schnell gefährdet
→ Zar verkündet Oktober-Manifest, Zugeständnisse an Arbeiterschaft
- Anfang Dezember erneuter Generalstreik, blutig niedergeschlagen
- Erinnerung an Niederschlagung Pariser Commune

1. erster Einsatz terroristischer Mittel (z. B. Attentate)
2. Pogrome spielen erhebliche Rolle
3. Nationale Emanzipationsbestrebungen

Die Anfänge des Terrorismus
- relativ neues Phänomen
- typische Aktionsformen v. a. Pistolen- und Bombenattentate
- Ziele: Monarchen, Staatsoberhäupter, gesellschaftliche Gruppen
- Opernhäuser und Justizpaläste symbolische Orte im städtischen Raum
- Terrorismus dreipolig mit Täter, Opfer und Medien
- Zaren machen Straßen zu Herrschaftsgebiet durch Spazierengehen

→ Mythos der Unverwundbarkeit und Nähe zu Untertanen des Herrschers beendet
→ Attentat auf Alexander II. 1881
→ Zar nicht mehr frei bewegen in Stadt
- mediale Resonanz, Hauptstädte v. a. Schauplätze terroristischer Aktionen
- je größer Repressionen, desto häufigere Anzahl von Attentaten

Pogrome
- Pogromwellen, Attentat auf Alexander Auslöser für überregionale Pogromwellen
- Streitigkeiten zwischen griechisch-orthodoxen und jüdischen Bevölkerungsgruppen
- gegenseitige Beschuldigungen wegen Grabschändungen, Auftragsmorde etc.
→ Plünderungen, Morde, Verwüstungen von Geschäften
→ Vielzahl von Städten im Russischen Reich
- zögerliches Eingreifen von Ordnungskräften
→ „Einvernehmen mit Obrigkeit" dachten
→ Täterin des Attentats auf Alexander Jüdin (Vorwand)
- Antisemitismus
- Pogrom nicht Ende des Antisemitismus, Jüdische Bevölkerung in ständiger Angst
- ab 1903: Pogrom an 70 Juden, kein Eingreifen von Sicherheitskräften trotz ausreichender Zahl von Soldaten
- jüdische Bevölkerung bildet Selbstschutzgruppen
→ wenig effektiv
- Pogromwelle von 1905: antijüdische Ausschreitungen
- monarchistisch-national-konservative Gesinnungen auch innerhalb Arbeiterschaft
→ Arbeiterschaft beteiligen sich an Pogromen
→ wesentlich mehr jüdische Opfer als 1881
→ Reaktion von Juden: Emigration
- Pogrome im restlichen Europa seltener, da schnell polizeilich unterbunden
- siehe Nordirland-Konflikt, Iren katholisch, Briten anglikanisch-protestantisch

Interethnische und interkonfessionelle Gewalt
- Irische Nationalisten: Fremdherrschaft durch Engländer
- Nach Aufstand von Polen 1883: Herrschaftsdemonstration der Russen durch Bau orthodoxer Kirchen, obwohl Warschau katholisch
- Polnische Sozialisten Mittel des Terrors, Bombenattentate
→ große Zahl von Hinrichtungen
- Herrschaftsanspruch vs. Nationale Selbstbestimmungsbestrebungen
- z. B. Ungarische Revolution vs. Habsburger Monarchie
- weitere Konflikte in Habsburgerreich, jedoch Nationalitätenkonflikte

Europas Städte im 19. Jh.

1. Europas Städte kein Ort der friedlichen Verhandlung von Differenzen
   - Konflikte an ethnisch-konfessionell. Und nationalen Differenzen schnell gewaltvoll
   - sozialer Status weniger konfliktreich

2. Städte treten Konflikte hervor, strukturierten Konfliktfelder (Identitäten werden produzierten und medial verbreitet)
   - Bilder werden in Stadt entworfen und medial verbreitet
   - Stadt maßgeblichen Anteil an Konflikte

3. Städte keine Inseln „saturierten Moderne"
- zu positive Darstellung
- Ambivalenz: ZWAR Moderne; dennoch quellen von Nationalismus und Massenideologien
- Städte hatten Anteil am Krieg

Europäische Städte im Ersten WK: Unmittelbare Kriegsfolgen
- Städte in Vorgeschichte wichtige Rolle

Die Anfänge der Luftbombardements
- noch keine entscheidende Rolle, erst gegen Ende
- noch beschränkte Reichweite der Flugzeuge
- D kein Schauplatz des Kriegs (Problem)
- D nicht mit Flugzeugen erreichbar, höchstens Grenzgebiet (Freiburg)
- Verhalten der Bevölkerung ambivalent, z. T. Angst vs. Neugier
- Schäden deutscher Bombardements viel höher (London, 600 Tote im 1. WK; 30.000 im 2. WK)
- psychologische Wirkung

Zerstörung von Städten im Kriegsgebiet
- Städte des östlichen Schauplatzes stärker betroffen (Polen höher als FR)
- Ausgleich der materiellen Verluste kaum möglich
- Wechselseitige Beschuldigungen von Kriegsgräueltaten
→ z. B. Zerstörung historischer Gebäude
→ Massaker als Rache
- „Krieg der Kulturen" → kulturelle Überlegenheit der eigenen Kultur

Besetzte Städte
- im Westen Brüssel: größte von Deutschen besetzte Stadt
- städtisches Leben von Kooperation von deutschen Militär und belgischer Kommunalverwaltung geprägt
→ möglichst wenig Militär in Stadt haben, Politik dennoch Einflüsse
→ Konflikte dennoch vorprogrammiert
→ Militärpolizei der Deutschen vs. Belgische Polizei, verschiedene Polizeiformen
→ besonders Meldelisten problematisch; Listen auch für Erfassung von Belgiern für Zwangsarbeiter im deutschen Reich
→ Ziel: Grundzufriedenheit der Bevölkerung herstellen und halten, damit nicht mehr Militär in Stadt stationiert werden muss
- im Osten Lodz
→ Beschlagnahme von Ressourcen
→ große Zahl von Zwangsarbeiter deportiert
→ Bemühung von Militärverwaltung kommunale Bevölkerung in Politik mit einzubeziehen

Rückschau:
- Gewalt in Großstädten vor 1914
- Gewaltformen und Konfliktformen in Städten vor 1914
- erster Blick auf Städte im 1. WK
- → Kriegsfolgen für Städte
- → Bombenkrieg, Luftkrieg (begrenzt)
- → Kriegszerstörungen, Gräuel
- → besetzte Städte, Zwangsarbeit großes Ausmaß
- Unterhaltung im Krieg

Europas Städte im 1. WK: Kriegsbegeisterung und Kriegskultur
- Haltung der Bevölkerung wichtig
- große Begeisterung in Deutschland
- Ausdruck von allgemeiner Begeisterung, jedoch seit 1990er Grenzen der Begeisterung in Forschung
- → Soziale Grenzen (Studenten, Bildungsbürgertum, bei Arbeiterschaft wenig Begeisterung bis Panik)

1.   Augusterlebnis
- Sozialdemokraten als "vaterlandslose Gesellen"
- Stilisierung von Gemeinschaft für Kriegsbegeisterung
- Öffentliches Leben der Zensur unterworfen
- Rückgang von Propaganda bei zunehmender Kampfmüdigkeit
- Einsatz für Kriegsverwundete ebenfalls rückläufig
- Patriotismus rückläufig

Unterhaltungsangebote im Krieg
- in Deutschland restriktiv
- kurz nach Kriegsausbruch wieder breites Angebot großstädtischer Unterhaltung
- „Unterhaltungssucht unangemessen"
- stillen Übereinkommen zwischen Anbietern (patriotische Angebote) und Obrigkeit sich von Interventionen fernzuhalten
- Zeitabhängigkeit von Unterhaltung (z. B. Keine ausländischen Opern)
- nach Kriegsausbruch Krieg kommt auf Bühne
- Publikum weiblicher, seit 1916 „Publikum Nase voll von Krieg"; Bedürfnis von Flucht in andere Welten (Eskapismus durch humoristisches Angebot)
- enge Verbindung von Front und Heimatfront; keine unterschiedliche Haltung zum Krieg

3.   Die Versorgung der Städte im Krieg

3.1   Das Problem und seine Bedeutung
- Versorgungslage wichtig, da sonst auch Kampfmoral von Soldaten beeinflusst
- Feldpost hierbei ausschlaggebend, dennoch zensiert
- Versorgung der Stadtbevölkerung wichtig, um sozialen Frieden zu sichern um Krieg nicht in Frage zu stellen
- „Totaler Krieg" – ganze Bevölkerung am Krieg beteiligt

- in ersten Kriegsjahren Probleme und Lösungen in europäischen Städten ähnlich
- nach 1916 nur noch Paris und London ausreichend versorgt, Berlin kaum noch
→ Abzeichnen des Zusammenbruchs der Heimatfront
- Frage nach Ursache für schlechtere Versorgung

3.2 Städtische Wirtschaft, städtischer Arbeitsmarkt und Hilfen

- Störung des städtischen Arbeitsmarktes durch Einziehung junger Männer
- -Industrie fehlen Arbeiter
- in Großbritannien keine allgemeine Wehrpflicht, erst ab 3. Kriegsjahr
- schwächere industrielle Ausrichtung der entsprechenden Städte (Berlin, Paris)
- in Paris deutliches stärkeres Absinken der industriellen Beschäftigung
- durch Betriebsschließungen von kleinen Betrieben – Arbeitslosigkeit
- auch Frauen betroffen
→ Zusammenbruch des Exports z. B. Durch Seeblockaden
→ Zahlreiche Einberufung von Selbstständigen

Kriegsproduktion und Frauenarbeit

- Umstellung der Volkswirtschaften auf Kriegswirtschaft, Belebung der Wirtschaft, sogar Arbeitskräftemangel
- jedoch nicht alle Branchen betroffen
- Frauen übernehmen Männerdomänen, Neuheit
- politische Signale an Frauen (unterschiedliche Haltung)
- Löhne der Frauen werden von Familienunterstützungen abgezogen, FR deutlich frauenfreundlicher (Stillräume)
- Branchen verschieben sich Frauen v. a. In Rüstungsindustrie besser bezahlt als z. B. Kindermädchen
- dennoch nicht signifikant nicht mehr Beschäftigung der Frauen

Löhne und Einkommen

- Rüstungsindustrie am lukrativsten
- Lohnentwicklung v. a. In Kriegsindustrie am signifikantesten, trotz extremen Anstiegs der Lebenshaltungskosten
- zunehmende Nivellierung von Lohn und Einkommen, Reduzierung von Lohndifferenzen durch z. B. Mindestlöhne, Reallohnentwicklung insgesamt ungünstig
- Lohndiskriminierung für Frauen bleibt erhalten, Selbstverständlichkeit
- Frauen nach Ende des Krieges enden Arbeitsverhältnisse in Industrie, weil Männer zurückkommen

Staatliche Unterstützungsleistungen

- Transferleistungen für Deutsche eher Privilegien, in England und FR erst weniger fixiert, im Laufe des Krieges stabiler
- Frauen mit Kindern überall unterstützt, Kinderlose weniger
- Bedürftigkeit groß, Ansteigen im Kriegsverlauf (Wehrpflichtigen Armeen)
- Zahlungen mit moralischen Erwartungen der Soldatenfrauen verbunden
- Geburtenrate seit Kriegsausbruch stark rückläufig
- 6 Mio. Kriegswaisen in Europa

3. Die Versorgung mit Lebensmitteln in Deutschland und Österreich
Grundprobleme in den ersten Kriegsjahren

- staatliche Unterstützungsleistung kaum ausreichend → bettelnde Kriegswaisen, Veteranen in Städten
- materielle Rahmen nur Teil des Problems
- → auch symbolische Kraft, z. B. Geringere Auswahl, Qualität
- starke Inflation in Kriegszeit, Löhne reichen nicht mehr zum Leben aus
- Einkommenslage einiger Familien schwierig
- Erhältlichkeit von Lebensmitteln, landwirtschaftliche Produktion sinkt drastisch
- Kriegsanleihen in Deutschland maßgeblich für Inflation
- → Erwartungen an schnellen Sieg, Frankreich zahlt alles

Marktregulierung und Schweinemord
- Eingriff des Staates in Wirtschaft
- Rohstoffe werden rationiert, in Verteilungsstellen verteilt (u. a. Knapp durch Seeblockaden)
- Deutschland wird von Agrarexport zu Agrarimportnation
- → durch Blockaden schneller Mangel an Lebensmitteln
- → Rückgang von Nahrungsmittelproduktion im Inneren u. a. Durch Einzug von Landarbeitern
- „Verwaltung des Mangels" in Lebensmittelindustrien
- Nachfrage nach Lebensmitteln „unelastisch" → Mangelverwaltung schwierig
- ca. ¾ der Vorkriegsmenge an Nahrungsmitteln zu verteilen
- 8 Mio. Soldaten, und Arbeiter in Landwirtschaft
- für 75 % der Bevölkerung nur 50% der Vorkriegsmenge an Nahrungsmittel
- Problem z. T. Unterschätzt
- steigende Preise kaum zu zahlen, Festsetzung von Höchstpreisen
- → unkoordiniert
- → Höchstpreise werden umgangen
- nach 1915 landesweite Höchstpreise
- Steuerungsfehler, Höchstpreise nur auf bestimmte Produkte → Umgehung und Ausweichen auf andere Lebensmittel (z. B. Von Milch auf Käse,...)
- → Attraktivität für Bauern
- „Schweinemord", Schweine als „Nahrungskonkurrent des Menschen", deshalb Massenschlachtungen, erst Preisabfall, später Preissteigerungen
- Ersatz von Lebensmitteln durch Strecken oder Ersetzen von Zutaten
- gute Ernten 1914/15 → kein Massenhungern

Gerechtigkeitsprobleme und Wahrnehmung
- Bruchlinie zwischen Stadt und Land
- → Gerechtigkeitslücken in Kriegsgesellschaft
- Rationierung durch Berechtigungskarten ab 1915
- in Österreich Abhängigkeit von Ungarn, dennoch Absinken der Produktion

Folgen
- Versorgung in England und FR besser als in Deutschland
- Winter 1916/17 in Deutschland Tiefpunkt bei Versorgungslage
- „Steckrübenwinter", Kartoffelernte viel schlechter ausgefallen
- → Steckrüben vielseitig genutzt (Kaffee, Brot, Marmelade)

→ sehr einseitige Ernährung
- große Unzufriedenheit mit Versorgungslage
- mehr Menschen auf öffentliche Suppenküchen angewiesen
→ „Mittelstandsküchen", da keine klassische Armenpflege
- „Fleischfreie Tage" als symbolische Handlungen für Solidarisierung
- gleiche Versorgung der Bevölkerung/des Militärs nicht existent
→ Offiziere auf Schiffen besser versorgt
- Zuspitzung wahrnehmbarer Versorgungsunterschiede
- auch bei Brennstoffen und Rohstoffen kaum Verteilung möglich
- Winter 1916/17 am kältesten seit Menschengedenken, auch Fehlen von angemessener warmer Kleidung
- man ist müde der Ersatzstoffe in der Nahrung
- mangelnde Versorgung = steigende Kindersterblichkeit, Krankheiten
→ nach Kriegsende 91 % der Schüler mangelernährt

In 2. Hälfte des 1. WKs
- Menschen aus der Großstadt ziehen in aufs Land um Nahrungsmittel zu erwerben

VL 4 Lenger   **05.05.2011**

Rückblick:
- Versorgungsprobleme der Städte während des 1. WKs
- Veränderungen auf dem Arbeitsmarkt
→ in allen europ. Großstädten, Arbeitslosigkeit, Arbeitskräftemangel, Strukturelle Veränderungen und staatliche Unterstützungsleistung für Familien
- Kommunikation mit Front und Heimatfront eng, Versorgungslage große Aufmerksamkeit
- Versorgung mit Lebensmitteln
→ materielle und symbolische Ebene („Kartoffelbrot")
- Versorgungslage in 2 Phasen, 1914-1916, ab Winter 1916 Verschärfung
→ 2 Konflikte: Stadt und Land, innerstädtisch zwischen „arm und reich", Reiche können auf Schwarzmarkt einkaufen
→ Wien: Ethnisch-nationale Importe (Ungarn vorher Lebensmittelexporteur)
→ gesundheitliche Konsequenzen

Paris und London im Vergleich
- in England/FR Zorn gegen „Kriegsgewinnler"
- kaum Schwarzmarkte
- Versorgungslage auf Seiten der Alliierte besser (im Vergleich zu Berlin)
- London: erst 1918 Rationierung der Lebensmittel, Berlin 1915, Paris 1916
- Lage in deutschen Städten schlechter, Paris besser (Versorgung durch Briten, Amerikaner, Deutsche durch Blockaden abgeschnitten)
- Versorgung mit Kriegsverlauf/Außenpolitik zu tun, U-Boot-Krieg nicht erfolgreich, Ukraine sollte Lebensmittel liefern (nicht erfolgreich)
- unterschiedliche Höhe und Entwicklung der Sterberaten der Frauen
→ Zusammenhang mit Versorgungslage
- Süd- und Osteuropa Lagen deutlich ungünstiger

Wohnungsversorgung

1. Der britische Sonderfall
- Berlin und Paris keine Mieterhöhungen durch Regulierungen
- nach 1915 in England auch Regulationen durch Proteste gegen steigende Mietpreise, Mietboykott
→ Gefährdung der Heimatfront und Rüstungsindustrie
- späte Interventionen in Mietmarkt –> Freiwilligenarmee in GB
→ gesetzliche Begrenzungen der Mieten, Moratorium für Hypotheken
→ Hauseigentümer mit geschützt, Wohnung für Kleinhäuser auf dem Stand von 1914 eingefroren (35 Pfund pro Jahr)
→ Anteil der Mietkosten am Budget der Arbeiter gesunken
→ Inflation und Steigen der Löhne
- Neubautätigkeit im Krieg gleich Null

2. Frankreich und Deutschland
- Noch 1914 Kündigungsschutz für Kriegsteilnehmer und Familien von Wohnungen
- Ausweitung der Schutzmaßnahmen
- Deutschland hoher Regelungsanspruch; Zwangseinweisungen von Mietern in große Wohnungen
- Mietbeihilfen bei Mietausfällen (auf Kosten der Vermieter)
- in FR Mieter zahlen kaum Miete
- DL Mieteinigungsämter unpopulär wegen Zwangseinweisungen
- Mieter warten jahrelang auf Einweisung
- Komplikationen mit Zwangswirtschaften im Wohnraum
- in FR dauert Moratorium Jahre an

II Europas Städte im 1. WK: Ausblick und Fazit

1. Eine Ursache der deutschen Niederlage?
- Befund: Versorgungslage besonders schlecht
- Versorgungslage betreffen gesamte Bevölkerung
- ansteigende Kriminalität (Verstoß gegen öffentliche Ordnung), Verlust der Legitimation der Obrigkeit
- Schwarzmarkt toleriert, Firmen verbessern Versorgungslage der Arbeiter

Unruhen und Streiks
- Städte als Zentren der Opposition
- 1916: Protest für Freiheit und Frieden
- Streik immer wichtigeres Medium der Opposition, mehr Menschen nehmen an Streiks teil
- Streik als Ausdruck allgemeiner Unzufriedenheit
- Verbund von wirtschaftlichen und politischen Folgen
- in Russland durch Revolution Fortschritte im Demokratisierungsprozess
- Gewerkschaften in schwierigen Situationen, da anfangs für Krieg, deshalb gegen Streiks
- ab 1917: Beginn einer Rätebewegung wegen Reduktion von Brotration

Zusammenbruch der Heimatfront
- Antikriegsstreiks Ende Jan '18
→ Friedensverhandlungen mit Sowjets

- mehr als 1 Millionen Streikende, Forderungen für Frieden, Demokratisierung und bessere Versorgung
- Instabilität der Heimatfront durchaus Mitursache der Niederlage
- materielle Überlegenheit der Alliierten spätestens ab Kriegseintritt der USA

Die Leistungen der Städte im Krieg
- Ursachen der Probleme nicht bei Städten selbst
- guter Ruf der deutschen Stadtverwaltungen in Vorkriegszeit
- „deutsche Soldaten auch zur Verteidigung eigener Städte in Krieg"
- Bevölkerung gibt städtischer Verwaltung wenig Schuld
1. nach Revolution von 1918 Bürgermeister bleiben im Amt, deshalb Zufriedenheit
2. Ausdruck des Respekts
- Leistungen der Städte beachtlich („Sozialstaat in Sozialstadt geboren")
→ Mittelstandsküchen...

3. Krieg/Revolution/Bürgerkrieg
- Kriegsniederlage, Unruhen etc. begünstigen Revolutionen
- enger Zusammenhang

1. Die russische Februarrevolution 1917
- untergehendes Zarenreich
- Zusammenbruch der Lebensmittelversorgung = allgemeine Unzufriedenheit
- Lebensmittelunruhen besonders gewaltsam
- Grenze zwischen Revolution und Massenprotesten beginnt mit Auflösung
- Streiks in Textilindustrie (durch Frauen), Frauen als Trägerinnen eines Großteils der Streiks
- Lebensmittelunruhen, Streiks und Demonstration = Revolution
- Zuverlässigkeit der Militärkräfte schwindet, vorher rigide und brutale Repressionen
→ Soldaten laufen zu Aufständischen über, weigern sich auf Kollegen zu schießen, Schneeballeffekt
→ Rolle des Militärs wichtig
- Bildung von Räten (Bolschewiki) von Soldaten, Arbeitern
→erkämpfen sich Macht
→ „Brot, Frieden, Land"
- Rolle der kommunistischen Partei?
→ Radikalisierung, da keine gemäßigte Richtung
→ Erfolgsgarantie für Durchsetzung der Räte

Oktoberrevolution 1917
- Sturz des Zaren durch Revolutionsorgan
- Räte anstelle des Zaren
- geringer Widerstand, kaum Gewalt bei Übernahme des Zarenpalastes
- Macht kann erhalten bleiben
- Frieden mit Deutschem Reich = Verlust von russischem Territorium, jedoch
- Bürgerkrieg bis Anfang 1920, gegen russische Revolution, unterstützt durch verschiedene Nationen

Bedeutung und Ausstrahlung
- Veränderungen zu Demokratisierung
- Tür zu sozialistischer Zukunft offen

- Rätebewegungen auch für andere Länder inspirierend
- Arbeiterbewegung mehr für Frieden

Die Revolution in Wien
- 1916: Attentat auf autokratischen Grafen
- Streik: Befreiung des Attentates, Politisierung, Verbunden mit Lebensmittelrationen
- 1918: Generalstreik durch Halbierung der Mehlration
- Zusammenbruch der Armee Ende Oktober 1918
- Zusammenbruch der Monarchie
→ Ausruf der Republik, Verteidigung gegen sozialistische Umsturzversuche

Von Kiel nach Berlin - Matrosenaufstand
- Vor Kriegsende Befehlsverweigerung der Matrosen, da letztes Manöver in Krieg sinnlos
- Ungleichheitsstrukturen in Marine
- Verhaftung von Deserteuren
- Massenproteste, Erschießungen, Bildung von Soldatenräten
→ Ausbreitung der Bewegung der Räte über ganz Deutschland
- spontane Bewegung der kriegsmüden Massen
- Zusammenhang von Kriegsmüdigkeit und Revolution

Berlin
- Max von Baden verkündet Abdankung des Kaisers, da Kaiser Friedensschluss im Weg stand
→ Forderungen nach demokratischen Deutschland
- Reichskanzler wird F. Ebert, da Sozialdemokratie Mehrheit
- P. Scheidemann ruft parallel Republik aus
- Stabilisierung aufgrund der bestehenden Verfassung (nach Ebert)
- Arbeiter- und Soldatenräte Anspruch auf Regierungsbildung
- Wettstreit von Räten und Parlamentarismus, keine konkurrierenden Bewegungen
- Parteien gewinnen diesen und bilden Regierung
- in anderen deutschen Ländern, verschiedene Revolutionen, Unterstützt durch Sozialdemokratie
- KPD Januaraufstand, Besetzung, Freikorps schlagen Aufständische nieder
→ Tötung Liebknechts und Luxemburgs

Der Streit um das Ende der Revolution
- Räterepubliken z. T. Bis 1920 bestehend, Revolution 1918-1920
- konkurrierende Enddaten der Revolution (Nationalversammlung bis Anfang 1920)

VL 5 Lenger   12.05.11

Bewertung der Revolution von 1918/19
- Handlungszwänge der Sozialdemokratie
- Freikorps als Repressionsinstrumente
- 29.11.1918 Rat der Volksbeauftragten: Wahl für deutsche Nationalversammlung
- Rätekongress: Wahlen am 19.01.1919 → Mögliches Ende der Revolution
→ Ablehnung von System der Räte

- → Schwäche der Linken innerhalb Räte
- Frage: Kooperation der Sozialdemokraten/Gewerkschaften mit alten Eliten?
- → Bündnis mit alten Eliten
- Zusammenarbeit mit Verwaltungsbürokratie, Kooperation von Ebert und Vertreter des Militärs (Militär unterstützt neue Regierung, im Gegenzug Militär kann preußische Ordnung erhalten)
- → Kritik an SPD: Durch Einsatz von Freikorps gegen Demonstranten Vorwurf „Bürgerkriegspartei" zu sein
- Kluft zwischen Mehrheitssozialdemokraten und USPD wird größer
- Spaltung der Arbeiterbewegung

Bewertung der Rätebewegung
- bis 70er Jahre: Rätestaat oder Demokratie?
- Kritik: Sicher der Rätebewegung „entdämonisiert", Räte standen der Sozialdemokratie viel näher als Spartakisten
- „Sozialdemokratische Machtscheu förderte Antiparlamentarismus, Chance zu Schwächung der alten Eliten vertan"

Städte in Ostmitteleuropa
- verschiedene Bestrebungen Nationalstaaten aufzubauen
- nach 1. WK Zusammenbruch mehrerer Reiche (Osmanenreich, Habsburgerreich, Zarenreich)
- Wilson: Selbstständigkeit für Nationalstaaten

- Riga: vorher Teil des Zarenreichs, besetzt 1917 von Deutschland
- → dann von sowjetischen Truppen besetzt
- → am Ende lettisch
- heterogene Bevölkerungszusammensetzung (Deutsche, Russen, Juden und Letten)
- These: Konflikte brechen im Krieg aus, vorher bereits klar erkennbar
- Kritik: Städtische Identität vor nationaler Identität, These zu „insular"

- Lemberg: Bis zum 1. WK Teil des Habsburgerreichs
- multiethnische Stadt (Polen, Ukrainer, Juden)
- Besetzung von Russen, Rückeroberung durch Österreich
- Keine Ruhe nach Ende der Kriegshandlung
- Konflikte um Lemberg durch neue Nationalstaaten Polen und Westukraine
- → polnischer Nationalstaat setzt sich durch
- → Juden wird Verrat vorgeworfen, Vorwand für Pogrom
- Krieg wird als Staatenbildungskrieg zwischen Nationen weitergeführt

I Städtische Nachkriegsgesellschaft im Umbruch: Demografie, Ökonomie, Wohnen

- Beispiel 1: Grippeepidemie bis Ende 1918 35 Mio. Tote
- → Bedingungen des Krieges sehr günstig für Ausbreitung und hohe Opferzahlen
- Beispiel 2: Genozid an türkischen Armeniern in Wüste Syriens
- Beispiel 3: Griechisch-türkischer Krieg 1922, Austausch von Bevölkerung, Anfänge der ethnischen Säuberung

- Ereignisse hängen eng mit Krieg zusammen

1. Krieg und demografische Entwicklung

- wichtige europäische Länder erleben demografischen Übergang
→ Zahl der Geburten/Todeszahlen in vorindustrieller niedrig
→ dann: Bevölkerungswachstum durch Absinken der Todeszahlen
→ erst später: ebenfalls Sinken der Geburtenrate
- Verbesserung der hygienischen Bedingung, Pioniere der Geburtenverhütung
(geringere Todesraten, sinkende Säuglingssterblichkeit, später Sinken der
Geburtenraten)

- kein gesamteuropäischer Übergang

- Massenhungersnot in Russland im Winter 1933
→ Stalin kollektiviert Landwirtschaft
- in Sowjetunion Legalität der Sowjetunion, Zwischenkriegszeit Anfang eines
Übergangs

Deutschland
- Übergang zu Beginn Weimarer Republik praktisch abgeschlossen
- Übergangsphase in Deutschland ab 1870 erkennbar, bis 1910 Bevölkerungswachstum
durch hohe Geburtenrate und geringe Sterbeziffer
- Welche Bedeutung hatte dies für Zusammensetzung der Städte?
- Demografische Konsequenzen erst später, Wachstum der Bevölkerung von
Kaiserreich bis Weimarer Republik
→ Bevölkerung erwachsener
- Folgeprobleme: Mehr Arbeitsnachfrage, mehr Wohnungsnachfrage
- Nachkriegsjugend: „Selbstbild der unnützen Generation"

Altersaufbau der Bevölkerung (1925)
- Nachkriegsjahrgänge stark rückläufig
- Kriegsjahrgänge; halb so groß wie vor dem Krieg
- 1925: 30-40jährige: meist Kriegsteilnehmer, nicht stärker besetzt, da Kriegstote
- Folge: Geänderte Geschlechterverteilung, viele Frauen unverheiratet
- große Zahl von Witwen; 40-50jährige 90 % der Männer verheiratet, 75% der Frauen
→ beträchtlicher Teil der weiblichen Bevölkerung müssen erwerbstätig sein

Folgen:
- Belastung des Arbeitsmarktes durch größere Nachfrage nach Arbeitsplätzen
- Viele kleine Haushalte = Verschärfung der Wohnungsknappheit
- Alterung der städtischen Gesellschaft
- Verbesserung hygienischer Standards und medizinischer Versorgung = weniger
Kindersterblichkeit, Krankheiten des Alters besser behandelbar

Die gesunkene Mobilität der Nachkriegsgesellschaft

1. Wanderungsbewegungen zwischen Stadt und Land
2. Wanderungsbewegungen zwischen Städten
3. Wanderungsbewegungen innerhalb der Stadt

→ Mobilitätsniveau sinkt schnell

Ursachen
- Ausbau des öffentlichen Nahverkehrs, vorher: Umzug notwendig
- → keine Umzüge mehr notwendig
- Bevölkerung insgesamt gealtert
- „Interventionen des Sozialstaats"
- → Prozesse der Arbeitsvermittlung verbessert
- → Art der Wohnungsvergabe
- → Organisation der Erwerbslosenfürsorge
- → Bevorzugung der örtlichen Bevölkerung
- → Dynamik der Nachkriegsgesellschaft weniger (demografisch, ökonomisch)
- Verstädterung kommt beinahe zum Erliegen (dennoch Wachstum der Städte)
- Berlin z. B. Verdopplung der Einwohnerzahlen durch Zusammenschluss und Eingemeindungen

- in England Verstädterung vor 1. WK schon zum Erliegen gekommen
- → vorher Wachstum vor allem in der Peripherie, ¾ in Umland
- in Frankreich ähnlich
- in Mittel- und Osteuropa vor 1. WK eher ländliche Prägung, nach 2. WK größeres Städtewachstum
- in Italien: Wachstum der Städte, Faschisten hatten Ziel der Verländlichung, keine wirkliche Realisierung

1. Innere Widersprüchlichkeit faschistischer Städtepolitik
2. Blick auf industrielle Stadtgründungen
3. Stadtentwicklung z. T. ohne industriellen Hintergrund, Ausweitung des öffentlichen Sektors

3 Beobachtungen zur Wirtschaft
1. geringere Gesamtdynamilk der Wirtschaft = Wachstumsdynamik der Städte rückläufig
2. Abkehr vom Welthandel durch Abschottung der eigenen Wirtschaft
3. Notwendigkeit sich Wandel der Zeit anzupassen (z. T. Eisenbahnen, Flugzeuge)

VL 6 Lenger   26.05.11

Zusammenfassung: Städtische Nachkriegsgesellschaft

1. Probleme des Konzeptes des demografischen Übergangs
   - → Ungleichzeitigkeit; zuerst Rückgang Sterbeziffern, später Rückgang der Geburtenraten
   - → nicht einheitlich europäisch
   - Konsequenzen reichen in Weimarer Republik hinein
   - → Nachfrage nach Arbeitsplätzen, Wohnraum groß
   - Frauenüberschuss nach 1. WK
   - Alterung der Gesellschaft
   - Mobilität zurückgegangen
   - → Verbesserte Bedingungen in ÖNVP, Fahrrad, Pendeln
   - → Altersaufbau der Gesellschaft (weniger junge Menschen = weniger Migranten)
   - → staatliche Interventionen im Sozialbereich gegen Mobilität

→ geringere Dynamik von Gesellschaft und Wirtschaft (Zeit starker Eingemeindung)
- Verstädterung in Süd- und Osteuropa, trotz Verländlichungsbestrebungen

Sozialstaat, Wohlfahrtsstaat, Neue Gesellschaft

1. Die wohlfahrtsstaatliche Entwicklung nach dem Krieg

Sowjetunion

→ dennoch: bleibt hinter Zielen zurück
- Problem 1: Gesellschaft durch Planerfüllung beeinflusst
- Problem 2: Statistiken folgen unterschiedlcihen Systematiken
→ Leistungen auf Erwerbstätige angesetzt, Versorgung an Arbeitsplatz gekoppelt
→ Reale Verhältnisse?

- Weitreichender Konsens in europäischen Gesellschaft: Anspruch für stärkere Partizipation von Kriegsveteranen (politisch, materiell)
- Aufbau des Wohlfahrtsstaates als Reaktion auf 1. WK (sozialdemokratische Arbeiterparteien in Europa)
- Dennoch Uneinigkeit bei Ausgestaltung des Wohlfahrtsstaats
→ Vereinheitlichung von Regelungen auf staatlicher Ebene

2. Der soziale Wohnungsbau in Europa

- Regelungen bzgl. Wohnungen des Krieges bleibt aufrecht erhalten
→ keine Rückkehr zum freien Wohnungsmarkt der Vorkriegszeit
- Die Neutralen
→ Abbau von Regelungen des Wohnungsmarkts,
→ Niederlande: trotz Krieg öffentliches Engagement im Wohnungsbau, kein Wohnungsmangel
- Südeuropa
→ Instrument zum sozialen Wohnungsbau kaum genutzt, da Privatwohnungen
→ Illegales Bauen um Peripherie von Migranten
→ in Italien: „Illegalität aus Notwendigkeit"
- Frankreich
→ erst 1928 staatliche Mittel für staatlichen Wohnungsbau, Schwerpunkt nach 2. WK
- Großbritannien
→ Gemeinden bemächtigt für sozialen Wohnungsbau
→ 170.000 städtische Wohnungen errichtet, 40.000 private mit Zuschüssen
→ Anstieg der Mieter von Privatwohnungen
→ ebenfalls Anstieg der Hauseigentümer
→ generelle Entspannung in 30er Jahren

- Deutschland und Österreich
→ Engagement vergleichbar mit britischem
→ Versuch mit Hilfe von Hauszinssteuer Wohnungsbau zu finanzieren
→ Zahl der gebauten Wohnung 445.000 in Deutschland, Eheschließungen 3,7 Mio.
→ bleibt dennoch hinter Bedarf zurück (auch Zuwanderung aus ehemals deutschen Gebieten)
→ in Weimarer Verfassung Ziel einer guten Versorgung für jedermann
→ 2,5 Mio. Neubauwohnungen = 9 Mio. Bewohner (viel städtische Leistungen)

→ Wohnungsmangel konnte nicht ganz behoben werden

3. Konzepte und Modelle des sozialen Wohnungsbaus
- vor 1. WK Möglichkeiten der Stadtplanung durch Eigentumsschutz begrenzt
- Staat greift nach Krieg in Rechter der Vermieter ein
- Staat ist häufig Bauherr

- Council Housing in GB
→ qualitative Ausgestaltung
→ 1. Standards für dichtes Bebauen in ländlicher Umgebung („Gartenstadt")
→ kostspielig
→ 2. Abriss von Slums, Ersetzung durch mehrstöckige Wohnhäuser in Stadtmitte oder billige Bauten am Stadtrand ohne Infrastruktur
→ Förderung suburbanen Lebens
→ große Zahl privat finanzierter Wohnungen und Häuser, bezogen von Besitzern
→ Dominanz von Mittelschicht und qualifizierter Arbeiterschaft
→ Innenstädte proletarischer (ungelernte Arbeiter)
→ soziale und residentielle Segregation

Das rote Wien
→ Gegenmodell zu GB
→ Wohnungsbau in Wien konzentriert in Zwischenkriegszeit
→ Ziel der Sozialdemokratie: Sozialer und kultureller Aufstieg der Arbeiterklasse
→ kollektive, aber nicht individuell
→ 61.000 Wohnungen auf damals hohen Standard (Strom, fließendes Wasser)
→ kollektivistischer Charakter der Wohnbauten; Gemeinschaftseinrichtungen kontrovers diskutiert
→ Zentrale Küchen, Waschküchen zur Entlastung der Arbeiterfrauen
→ Annahme, dass Hausarbeit neben Erwerbstätigkeit von Frauen erledigt werden müssen
→ Frauen bevorzugen jedoch Hausarbeit bei ausreichendem Einkommen des Mannes
→ Sehen in Waschküchen „Abbilder ihrer Fabriken", fremdbestimmtes Waschen
→ Diskrepanz von Konzept, Umsetzung und Realität

Die deutsche Diskussion
→ Mittelposition von Österreich und Großbritannien
→ Sowohl kollektiver Siedlungsbau und Gartenstadtbewegung
- Ernst May und Frankfurt (Modernismus)
→ Gartenstadt: Kopplung an eigene produktive Basis (Gewerbe)
→ Trabanten: Siedlung liegen um Kernstadt herum
→ z. B. Frankfurt-Römerstadt (kein Anschluss an Straßennetz)
→ Zeilenbau: Gleichwertigkeit der Wohnung, Auslegung zur Sonne; Emanzipation zu Straßenlage
→ Standardisierung und Rationalisierung
- Sozialer Wohnungsbau der Zwischenkriegszeit ist Kleinwohnungsbau (55-75 m²), untere Grenze 45 m²
- Siedlungsbau neues Umfeld
→ genaue Planung der Wohungsstruktur (z. B. Nach Funktionen der Räume)
→ funktionalistische Raumgestaltung

- Frankfurter Küche
→ Gegenstück zur Wohnküche, Vorbild amerikanischer Zugküchen

→ Breite 1,87 m, Länge 3,54 m
→ Arbeitsprozesse der Hausfrau sollten optimiert werden
→ Küchen voll elektrifiziert, Kühlschränke, Elektroherd etc.
→ Resonanz unterschiedlich
→ Erna Meyer (1927): Sklavin ihrer Pflichten vs. Schöpferin und Meisterin
• Diskussion um doppelte Belastung der Frau
• Akzeptanz bei Familien nicht sehr hoch, Tätigkeiten dennoch in Nebenräume verlegt

VL 7 Lenger   09.06.11

Rückblick: Sozialstaat, Wohlfahrtsstaat, „neue Gesellschaft"
• Sonderstellung Englands
→ Suburbansierung
• Europäischer Siedlungsbau kollektivistisch (programmatisch, utopisch)
→ Differenz zu Lebenswelt, Kritische Haltung der Gesellschaft
→ Sowjetische Beispiele, Familie wird als „Urlebensform" in Frage gestellt
• sozialistischer Siedlungsbau auch in Deutschland in Erwägung gezogen
→ schmuckloser Funktionalismus
• Kleinwohnungsbau bis in 70er Jahre
• sozialer Wohnungsbau als Großsiedlungsbau in der städtischer Peripherie

• Stalinistischer Wohnungsbau, das Beispiel Magnitogorsk
→ sowjetische Planstädte
→ Linearstadt, Reihe von Trabantenstadt
→ Industriestadt: Industriearbeiter wohnten in Baracken; Ernst May wurde aus UDSSR
ausgewiesen

2. Architektur und Städtebau zwischen Moderne, Faschismus und Stalinismus

Allgemein:
• Rationalisierung und Taylorismus
→ Rationalisierung: Fordismus (Fließbandarbeit bei Ford)
→ Taylorismus: Taylor misst Zeit jedes Arbeitsschritts, um diese effizienter zu gestalten
→ Trend zu gesteigerter Effizienz, Standardisierung der Bauelemente zur Kostensenkung
→ Kälte von standardisierter Architektur
• Technik, Modernität und Amerikanismus
→ Technik als amerikanisch
→ „Maschinenmensch" im Zusammenhang mit Rationalisierung
• Metropolis (Erschaffen von Maschinenmenschen, Arbeiterstadt)
→ Modernes als amerikanisch, maschinenartig
→ Technikbegeisterung der Zwischenkriegszeit
• Neue Sachlichkeit
→ Demonstratives Verzichten auf alles Dekorative (auch in Literatur)
→ Anonymität der kalten Großstadt nicht mehr bedrohlich, Großstadt akzeptiert,
„Asphaltdschungel"
→ Absage an Vergangenheit, Bemühen Neues begründen zu wollen

Strömungen innerhalb der Congrés internationaux d'Architectur moderne
• Moderner Baustil dominant

- Organisation von Architekten moderner Architektur
- Beispiel: IG-Farben-Haus in Frankfurt
- Weißenhofsiedlung in Stuttgart von 1927
→ Bauhausarchitektur
→ Zusammenschluss von Architekten um Walter Gropius
→ „neue Baukunst"
→ spöttische Kommentare, da sehr kompakte Häuser
→ Spannungen von Gedanken der Architekten und Bedürfnisse der Bewohner
→ Funktionalistische Architektur vs. Anspruch von Gemütlichkeit der Bewohner
→ ständiger Referenzpunkt der Architekturdebatten der späten 1920er

- Themen und Kontroversen auf den CIAM-Kongressen
→ Wohnung für Existenzminimum
→ Kongress tagte am Schwarzen Freitag 1929
→ laut Gropius: Bedeutungsgewinn des Einzelnen, Auflösung der Familie, Rolle des Staates wächst
→ in Zwischenkriegszeit immer kleinere Haushalte, Bedeutungsverlust der Familie
→ Frauen im Regelfall berufstätig
→ Hochhausbau Ende der 1920er umstritten
- pro: alle Wohnungen mit Licht und Sonne versorgen, größere Grünflächen zwischen Hochhausbau
→ Le Corbusier: Verfechter des Beton- und Stahlbaus, autofreundliche Stadt; geringe Umsetzung von Plänen einer Freizeitstadt
→ Wandel von Gartenstadtidee
- Brüssel 1930: Streit um Vor- und Nachteile des Hochhauses
- Moskau: Freizeitstadt im Grünen (Debatte von Urbanisten und Desurbanisten)
→ Vorwurf: Hochhausbauten als Teil des Kapitalismus
- Auslagerung von Freizeit aus Arbeiterstadt Funktionalismus, durch räumliche Trennung

Zwischenbilanz:
- Verhältnis der Architekten zu modernen Diktaturen
→ Planungswahn dieser Vorliebe für Auftraggeber, die Macht haben, Widerstand Pläne zu realisieren, niederzuschlagen
→ Präferenz von Architekten für totalitären Regimen

Faschistische Architektur und Städteplanung
- Ambivalenz der Moderne; Faschismus macht sie Moderne zunutze
- Italien
→ Verländlichungspläne scheitern trotz Städteneugründungen als landwirtschaftliche Zentren
→ Ausrichtung der Städte zur Landwirtschaft
→ Herrschaftsgebäude und repräsentativer Monumentalbauten; Abriss von Altstädten
→ Herstellung zentraler Verkehrsachsen; politischer Nutzen von Architektur
→ Verkehrsachsen zum Transport von Massen zu Propagandaveranstaltung
- Deutschland
→ größter Teil der Vertreter moderner Architektur emigriert
→ Verfolgung; auch Emigration, da keine Aufträge nach 1933
→ Dreiteilung der Architektur im Dritten Reich
1. Monumentalbauten
2. Heimatschutzstil der Arbeiterstadt

3. In Industriebauten moderne Aspekte
* Moderne Architektur in Deutschland ab 1933 verdrängt, aber in Industrie noch existent
* Siedlungen der 30er auch Modellcharakter
* autofreundliche Siedlungen, technokratischer Fortschrittsglaube („Kraftwagen als Volksverkehrswagen")

VL 8 Lenger   30.06.11

Klausur:
- 60 Minuten
- 4 Fragen in kurzen Aufsätzen mit je gleicher Punktzahl
3. Frage: Entlang welcher Konfliktlinien spielten sich gewalttätige Auseinandersetzungen in europäischen Städten der Zwischenkriegszeit ab?

Rückblick: Architektur und Städtebau zwischen Moderne, Faschismus und Stalinismus
* gesamteuropäischer Kontext
* Rationalisierung
→ Taylorismus: Perfektionierung von Arbeitsschritten
→ Technikbegeisterung, Amerikanismus (siehe Metropolis)
→ Neue Sachlichkeit
* Architektur: Stuttgarter Weißenhofsiedlung (Walter Gropius), internationaler Architektenzusammenschluss
* Kritik: kühler Stil
* Hochhäuser umstritten, Architektendiskussion weit weg von Gartenstadt
* Problem der Verführbarkeit der Architekten durch Diktaturen, da Notwendigkeit Architektur durchzusetzen autoritäre Systeme von Nöten
* Faschistischer Städtebau
→ Italien: Verländlichung der Gesellschaft vs. Monumentalismus
→ ebenfalls deutscher Faschismus
→ Heimatschutzstil

Städtebau im Nationalsozialismus
→ Teil einer Verkehrspolitik, breite Straßen, innerstädtisches Verkehrsnetz (Autobahnnetz)
* nach Krieg in Stadtplanung: Personelle Kontinuität
* Bilanz:
→ Monumentalismus: Ehrgeiz der Städteplaner groß
→ Defizit an Wohnungen in Weimarer Republik, Zahl stieg auch in Nationalsozialismus auch in Nachkriegszeit

Zerklüftete Städtegesellschaften: Gewalt als Signum der Zwischenkriegszeit

1. Politische Öffentlichkeit und Zivilgesellschaften – der allgemeine Kontext
* Heterogenität in Stadt nicht dramatisch, da Möglichkeit der Indifferenz (Soziologie)
* dichtes Vereinswesen in Ausbildung als Institution demokratischen Umgangs
→ friedfertiger Austragungsort von gesellschaftlichen Konflikten?

* Städtischer Raum als Austragungsort von gesellschaftlichen Konflikten

→ Städte immer umkämpft, unbegehbare Stadtteile („No-Go-Areas")
→ symbolischer Kampf z. B. Durch Demonstrationen oder den Bau von Kirchen, Denkmälern oder Monumenten
→ städtischer Raum in vielerlei Hinsicht umstritten (Ethnien)
→ interkonfessionelle Konflikte verlieren an Bedeutung, ethnisch-nationale und politische Konflikte nehmen zu

2. Nationalitätenkonflikte im städtischen Raum

- Ethnisch-nationale Zusammensetzung der Menschen stark verändert, neue nationale Angehörigkeit durch neue Grenzziehungen
- gewaltsame Konfliktlinien nicht nur durch Städte erkennbar

- Preßburg, Slowakei bis Ende des 1. WKs zu Österreich-Ungarn gehörig
- Soziale Differenzen zunächst wichtiger als Konflikte über nationalstaatliche Zugehörigkeiten
- Konflikte zunächst in Form von sportlichen Aktivitäten ausgetragen
- allerdings: Feste, Umzüge, die städtische Bevölkerung integrieren nehmen ab
- jede Volksgruppe will nur noch eigene Sprache sprechen
- Trennung in Vereinswesen zwischen deutschen und slowakisch-ungarischen
  → Deutsche Vereine 1939 Ariersatzungen
- auch im „gewaltfreien" Klima Preßburgs multiethnische Toleranz nicht von Dauer
- Segregierung des städtischen Raums
- erst am Ende der Zwischenkriegszeit Gewalt

Lemberg: 1918 blutiger Bürgerkrieg um Ostgalizien/Lemberg zwischen Ukrainern und Polen
Pogrom an jüdischer Bevölkerung der Stadt
- Denunziation auch noch 15 Jahre nach Krieg
- Segregation auf Ebene der Kirchen
- Vereinswesen stark, entlang nationaler und konfessioneller Grenzen segregiert
  → keine Integration durch Vereinswesen
- Innergesellschaftliche Gesellschaften traten in Zwischenkriegszeit deutlich hervor

Belfast: Nordirland bleibt unter englischer Herrschaft
- ethnisch-konfessioneller Konflikt
- Katholik für irische Abhängigkeit; Protestant = Unionist
- gleiche Sprache = Englisch
- extreme Territorialisierung; Segregation durch strikte wohnräumliche Trennung von Katholiken und Protestanten mit Hilfe von genauer Grenzen
→ innerhalb homogener Stadtviertel keine Gewalt, Gewalt nur auf Grenzen konzentriert
→ Kämpf um Kontrolle der Grenzen (Brandstiftung, Schießereien)
- Grenzen dessen, was man tun darf
→ Vergewaltigungen und Verstümmelungen nicht erlaubt
→ Gewaltausübung beider Seiten ist akzeptiert innerhalb von Gemeinde; Anspruch von Angehörigen selber Konfession anerkannt (gewisse Legitimierung)
- Eindruck, dass Gewalt über geregelte Verfahren geschah
→ prägt Art und Weise der Gewaltausübung

3. Extremismus und politische Gewalt

- Budapest hat mit Ende der Habsburgermonarchie Unabhängigkeit, dennoch großer territorialer Verlust
→ Räterepublik: Verteidigung der territorialen Integrität mit Hilfe der Sowjets (Krieg gegen Rumänien)
→ Niederlage, Ungarn wird erste Diktatur 1920
- Nicht eigentliche Revolutionen verliefen so blutig, sondern Gegenrevolutionen, d. h. Niederschlagung revolutionärer Bestrebungen rücken selten von Massakern zurück
→ siehe Freikorps zur Niederschlagung deutscher Revolutionswellen
  4. Der europäische Bürgerkrieg 1917-1945?
- für Nolte: Ursache des Bürgerkriegs russische Revolution
- Vorwurf: „Faschismus als Gegenwehr zum Kommunismus"
- im städtischen Kontext

- Berlin und Paris:
- Extremismus der Linken und Rechten aufeinander bezogen, völkischer Antisemitismus der Rechten schon in Krieg erkennbar
- „Totalitarismus der Rechten"

1. Beide Bewegungen durch eine Komplementärideologie
2. Beide Bewegungen legitimieren Anwendung politischer Gewalt

- in Berlin: politische Gewalt in Zwischenkriegszeit präsent
- in Paris: günstigere soziale Bedingungen = friedlicher
→ auch Arbeiterschaft gespalten in Kommunisten und Sozialisten, koalieren aber grundsätzlich nicht
- in Berlin: Vorwürfe der Kommunisten, Sozialdemokraten würden Freikorps gegen Arbeiter hetzen

Gegenargumente
- Gewalt in Berlin allgegenwärtig, aber nicht staatsgefährdend, deshalb kein Bürgerkrieg; Polizei Gewalt in der Regel unter Kontrolle !!!
- Gewalt zwischen Rechts und Links asymmetrisch

Berlin und Bologna
- Linke und Rechte in unterschiedlicher Art und Weise gewalttätig
- in Deutschland der SA Gewalt nicht nur gegen Sozialisten, Kommunisten häufiger Attacken von Rechten ausgesetzt
- in Italien Industriellen Zentren: Zentren der politische Gewalt
- in Deutschland: Gewalt in Großstadt und auf dem Lande
- Wichtig: Was haben Rechte getan? Nicht ihre Ziele, Gewalt als Symbol von Männlichkeit
- 1930er Zeit von Massenarbeitslosigkeit v. a. Jüngere, Zugehörigkeit zu Kampfverbänden und Jugendbanden einzig identitätsstiftend für junge Männer

- Faschistische Gewalt in Städten: „Eroberung der Straße":
1. Besetzung von Städten in Feindesland (Hochburgen von Sozialisten)
→ Ermordung von Faschisten = Initialzündungen; Angriff auf Sozialisten; Strafexpeditionen
→ 60.000 Rechte ziehen 1931 in Braunschweig ein

$\rightarrow$ demonstrative Beherrschung der städtischen Raums

2. Raumkämpfe im innerstädtischen Raum
$\rightarrow$ in Arbeitervierteln, Attackieren von kommunistischen Zentren wie Lokalen in Arbeitervierteln
$\rightarrow$ „Sturmlokale" der Faschisten
$\rightarrow$ gewaltsame Kämpfe um Vorherrschaft im innerstädtischen Raums
$\rightarrow$ Sturmlokale als Ort der allgegenwärtigen Gewaltbereitschaft

Der Altonaer Blutsonntag vom 17.07.1932
–   Auseinandersetzung zwischen NSPAD-Mitgliedern bei Aufmarsch und Mitgliedern der KPD
–   Schüsse auf 200 Polizisten
–   Formation der Extremrechten und Eindringen in den proletarischen Raum, Aufmarsch durch Arbeiter- und Elendsviertel, Hochburg der KPD
–   Seit Ende des 1. WKs immer wieder gewaltsame Auseinandersetzungen (auch Freikorps) in Arbeitervierteln
–   Kumulation der Gewalterfahrung führt Gewaltausübung fort
–   Gegner dringen in städtischen Raum ein, der verteidigt wird (Gegner, auch Polizei, da in Italien parteilich)

Extrembeispiel: Barcelona
      explosive Metropole
–   Gefechte und Straßenschlachtung (Ermordung von Gewerkschaftern durch Milizen der Arbeitgebern, Ermordung von Kapitalisten durch Arbeiter)
$\rightarrow$ Eskalationsfreude, Teil der Revolution

VL Lenger   **08.07.2011**

Zerklüftete Stadtgesellschaft: Gewalt als Signum der Zwischenkriegszeit

Zusammenfassung
•   Kontinuität der innerstädtischen Gewalt der Vorkriegszeit
•   Ethnische Konflikte nehmen zu
•   Belfast, Lemberg
•   Deutschland: Brutalisierungsthese; Kriegserfahrung macht Konflikte brutaler
$\rightarrow$ Problematik im Vergleich
$\rightarrow$ kein Primus linker Gewalt gegen rechte Gewalt
$\rightarrow$ Verhältnis der kommunistischen Flügel der Arbeiterbewegung
4. Berlin vs. Bologna
$\rightarrow$ Stadtbesetzung als faschistische Gewalt

Extrembeispiel Barcelona
•   extreme Gewalttraditon
•   Ermordung von Gewerkschaftsführern und Führern der Arbeitgeber
•   September 1923 Staatsstreich zu Diktatur, Unterdrückung der Katalanen
•   Primo de Rivera
•   Diktatur senkt Gewalt; Opposition der katalanischen Nationalbewegung
•   Aufstände des Militärs vorerst statt gehalten

- 1936 Macht an Anarchosyndikalisten
- Frieden brüchig, 01.05.37 Opposition setzt sich durch, Beginn von Straßenkämpfe
- Ende Jan. 1939 Barcelona wird von Truppen Francos eingenommen
- Bürgerkrieg kein gesamteuropäischer, nicht nur Kommunisten vs. Faschisten, sondern auch Anarchosyndikalisten

Die Gewalt in der Zwischenkriegsgesellschaft und -kultur
- Deutschland: Gewalt des 1. WK mit in Weimarer Republik? → Ende der Republik
- Aber: „Kinder des ersten WKS" → Eliten der späteren Nationalsozialisten
- Brutalisierungsthese muss relativiert werden
- Satirische Porträts der deutschen Nachkriegsgesellschaft
- → Sujet des Lustmords
- Gewaltbereitschaft gegen Frauen (nach Maria Tata)
- → Hinweise auf Gewaltsamkeit des NS-Regimes
- → nicht mehr zu erklären mit Kriegserfahrungen
- → Motiv der „neuen Frau" in lebensgefährlichem Raum
- – „M – Eine Stadt sucht einen Mörder"
- → auch im Film, Literatur Gewalt omnipräsent
- – Ausblick
- → Im Westen nichts Neues 1930, SA stört Aufführungen, kurzzeitig verboten und stark gekürzt
- → Keine ausreichenden Kräfte um Frieden zu erhalten

Die Zerstörung der Städte im Zweiten Weltkrieg

Einführung
- Luftbombardement auf Städte typische Kampfform des 2. WKs
- kein Vergleich zum 1. WK
- Angriffe deutscher Flugzeuge auf Guernica 1937 „Generalprobe"
- Versorgungsprobleme wie im 1. WK der Städte kein Problem, da wirtschaftliche brutale Ausbeutung Ost- und Südeuropas von deutschen Truppen
- kaum Versorgungsprobleme auf deutscher Seite
- Heimatfront immer weniger Heimatfront, da Luftkrieg

Der Luftkrieg im Westen
- Bewusstsein von völkerrechtlichen Problematik eines Luftbombardements
- Vorbereitung eines Luftbombardements in Erwartung des Anderen als Beginn des Luftkriegs
- Rotterdam: Deutsches Bombardement für Churchill Grund in Luftkrieg einzusteigen
- Deutsche Luftangriffe auf englische Städte 1940:
- → Kampf um Lufthoheit über Kanal und Südengland (Invasion Englands)
- → nicht Demoralisierung der Bevölkerung, sondern Industriezentren der Versorgung
- → keine saubere Trennung von zivilen und strategischen Zielen
- → Coventry: Tod von 500 Einwohnern, Zerstörung aller Industriegebäude, Beschädigung vieler Wohnbauten
- London: 30.000 Tote durch deutsche Luftangriffe (1940/41; 1944)
- → 100.000 zerstörte und beschädigte Gebäude
- → großflächige Brände durch Brandbomben
- → keine Demoralisierung der Bevölkerung, eher zusammengeschweißt, Ausharren

gegenüber Krieg

Belagerung und Zerstörung

- Leningrad (3 Mio. , Einwohnern)
- Geografische Lage rettet sie vor totaler Zerstörung (Ostsee, Ladogasee)
→ „Ring" um Stadt schließen um diese auszuhungern, Bevölkerung konnte dennoch entgehen
→ Ladogasee als Versorgung der Stadt, trotzdem 1 Mio. verhungert, da zu gering
- Warschau
→ gezielte Zerstörung ohne Kampfhandlung, ab 1943 gezielte Zerstörung
→ Warschauer Aufstand als Vorwand für Zerstörung der Stadt, 16.000 Tote Kämpfer der Heimatarmee, 150.000 Zivilisten
→ „Ort unbewohnbar machen", „Tilgung"
- Zerstörung von Städten kein europäisches Spezifikum (siehe Pazifikkrieg)

Der Luftkrieg in Deutschland
- Von Deutschen erlittenes Leid in Nachkriegszeit tabuisiert
→ übertrieben
- Nicht vergessen: Deutsche Verbrechen den Zerstörungen der Städte vorangegangen

- Hamburg:
→ Polizeibataillon an Massenerschießungen in Polen beteiligt
→ Frage nach ethischer Rechtfertigung der Luftangriffe; psychologischer Effekt größer als materieller Schaden in Deutschland
→ Tod von 30.000 Menschen, weite Teile der Stadt dem Erdboden gleich gemacht, keine großen Verlust der Angreifer

- Dresden:
→ unter Arthur T. Harris durch Zertrümmerung Berlins Gewinnen des Kriegs
→ in Dresden Anfang 1945 viele Flüchtlinge
→ in Deutschland im 2. WK ca. 380.000 Tote durch Luftangriffe

Den Luftkrieg perfektionieren
→ „German Village" Nachbau von Berlin und Tokio in den USA zur Erforschung der Folgen von Bränden
→ Maximierung der Feuerschäden in Arbeitervierteln
→ Strategien zukunftsweisend

Urbizid?
- Städte können sterben, auch wenn äußere Form intakt bleibt
- Städte sehr zählebig
- Lodz, Vilnius, Riga als Orte der Vernichtung
- Städte nach dem Krieg z.T. Völlig ausgetauscht (Stettin = Szczecin)
→ Kulturelle Umcodierung der Stadt
→ Traumatische Erfahrungen, da Angst, dass ehemalige Bevölkerung zurückkehren könnte

Ausblick: Wiederaufbau

- Europäische Gemeinsamkeiten überwiegen den Differenzen der ehemaligen Rivalen
- Kontinuität, da mit Nachkriegsplanung nach ersten Angriffen begonnen
→ Zerstörung der Städte als „Chance" für europäische Städteplaner
→ „a disaster, but an opportunity"
- Enthusiasmus der Planer als gesamteuropäisches Phänomen
- Warschau bereits 1940 durch Städteplaner „neu erfunden" als deutsche Stadt
→ Vertreibung 1,3 Mio. polnischer Einwohner als Voraussetzungen für neue deutsche Stadt
→ Zerstörung der Stadt vorausgesetzt
- Perfide Zusammenfassung von Zerstörung und Wiederaufbau
- Großteil der europäischen Nachkriegsplanung an London ausgerichtet
→ sozial gemischte Nachbarschaften
- auch öffentliches Interesse an Planungen während des Krieges
- Satellitenstädte als Unterbrechung der urbanen Zone, Verhindern von Verkehrskollaps